MÉMOIRE

SUR

DEUX MODIFICATIONS

QU'ON A FAIT SUBIR,

DANS LE GRAND HOTEL-DIEU DE LYON,

A L'APPAREIL

A EXTENSION PERMANENTE DE DESAULT.

PAR R.^{PHE} MURET,

DOCTEUR EN MÉDECINE, ANCIEN CHIRURGIEN
DU GRAND HÔTEL-DIEU DE LYON.

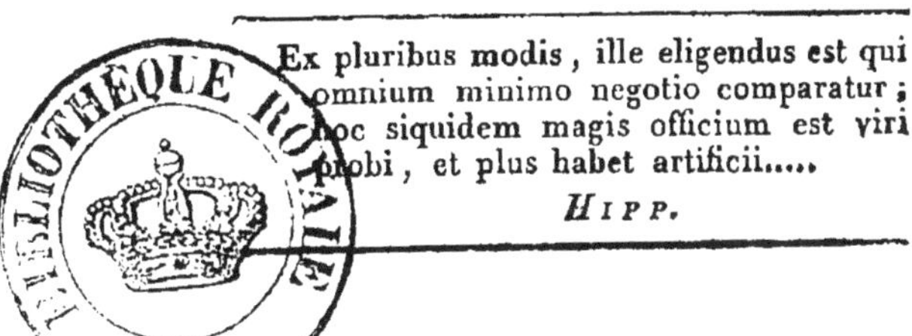

LYON,

DE L'IMPRIMERIE DE FR. MISTRAL,
Rue de Gadagne, N°. 8.

1815.

A

Mr BAUMERS,

DOCTEUR EN MÉDECINE, MÉDECIN EN CHEF
DES PRISONS DE LYON,

MEMBRE DE LA SOCIÉTÉ DE MÉDECINE DE LA
MÊME VILLE, etc.

Témoignage d'une amitié que rien ne peut altérer, d'une estime bien sincère et bien méritée, d'une reconnaissance éternelle et d'un dévouement sans bornes.

MURET, *D. M.*

AVANT-PROPOS.

Jᴇ faisais exécuter l'appareil à extension permanente dont je vais donner la description dans ce Mémoire, lorsque M. Fine, de Genève, fit connaître le sien : je crus un instant être arrivé trop tard, et je pensai que M. Fine avait atteint le but que je m'étais proposé. Je me procurai son bandage, et, j'ose le dire, il me parut défectueux.

1.º Son attelle externe qui s'étend jusques sous l'aisselle, et qu'on fixe à la poitrine, me semble un défaut essentiel. M. Fine a eu pour but de forcer le malade à garder, pendant tout le temps de sa cure, l'immobilité la plus grande ; mais c'est là une chose impossible, le malade fait toujours quelques mouvemens, et à la moindre flexion du tronc, la cuisse est entraînée en dedans ou en dehors par l'attelle qui lui communique les mouvemens qui lui sont imprimés.

2.º L'extension ne se faisant que sur l'attelle externe, il y aura toujours après la guérison déviation du pied en dehors.

3.º On ne peut pas à volonté diminuer ou augmenter la longueur des attelles, diminuer ou augmenter l'étendue transversale de l'appareil.

4.º Son application devient souvent trop dispendieuse; toutes les fois qu'on s'en est servi, on est obligé de changer le sous-cuisse qui est en cuir, quelques courroies et la chaussette de peau de chien.

5.º La chaussette me paraît très-bien imaginée, en ce que l'extension qui se fait sur une plus grande étendue, est beaucoup moins pénible pour le malade; mais elle a le grand inconvénient de ne pouvoir pas servir à tous les individus, parce qu'il est difficile de rencontrer et les mêmes formes et le même volume

dans des jambes différentes. Mon bandage roulé, fait sur la partie inférieure de
la cuisse et sur toute la jambe, présente
les mêmes avantages et n'a pas les mêmes
inconvéniens.

Toutes les pièces d'appareil dont je
me sers pour l'application de mon bandage sont en toile; le sous-cuisse même
n'est pas en cuir; et je n'ai jamais vu le
pli de l'aîne ou la tubérosité ischiatique
s'excorier, pourvu que j'eusse pris soin de
les matelasser convenablement. Cependant on pourrait, si on voulait, substi-
tuer aux pièces en toile des pièces en
cuir, sans être obligé de rien changer à
l'appareil.

Quelques Praticiens préfèrent les
bandes en cuir, sur-tout celles sur les-
quelles se passe toute la force extensive, parce que, disent-ils, celles en toile
se relâchent trop facilement : je puis
assurer que lorsque le bandage roulé,
tel que je l'ai décrit, a été convenable-

ment appliqué, j'ai laissé quelquefois dix, douze, et même quinze jours s'écouler, avant de me voir obligé de rien toucher à l'appareil.

MÉMOIRE

SUR

DEUX MODIFICATIONS

QU'ON A FAIT SUBIR,

DANS LE GRAND HOTEL-DIEU DE LYON,

A L'APPAREIL A EXTENSION PERMANENTE
DE DESAULT.

J'IGNORE si les Anciens ont connu les fractures du col du fémur, mais dans aucun de leurs ouvrages on ne trouve les signes exacts qui peuvent les faire reconnaître, et encore moins les moyens à l'aide desquels on peut les maintenir réduites.

« *Sabatier* (1) nous dit que *Paré* est le premier qui ait parlé de la fracture du col du fémur, comme d'une maladie distincte de celles qui arrivent au reste de la longueur de cet os. » Et il ajoute que le signe constant de la fracture du col du fémur, c'est de voir la pointe du pied tournée en dehors et le genou légèrement fléchi. Ce-

Mémoire sur la fracture du col du fémur *Acad de Chirurg.* t. IV, in-4.°

pendant *Paré* dit avoir vu chez une dame qui offrait un cas de cette nature, la pointe du pied tournée en dedans. *J. L. Petit* dans son Traité des maladies des os, cite une observation semblable.

Sabatier qui regarde ces faits, non-seulement comme extraordinaires, mais même comme impossibles, s'en explique en ces termes : « On pourrait croire qu'en disant que le pied était tourné en dedans, *Paré* a entendu que sa pointe était tournée de ce côté ; mais si on se rappelle ce que j'ai dit plus haut, qu'elle est toujours en dehors et que le genou est légèrement fléchi, on verra que le pied malade doit s'éloigner de la jambe saine, d'une quantité beaucoup moindre que le genou du même côté ; et c'est vraisemblablement ce que *Paré* a eu intention d'exprimer. Qu'elle qu'ait été la position du pied de la malade, dont il nous a conservé l'histoire, il semble qu'on ne puisse douter que la personne, dont parle M. *Petit*, n'ait eu la pointe du pied tournée en dedans, puisque cette position lui fit croire qu'il y avait une luxation de la cuisse en haut et en dehors. Cependant, comme dans tous les cas qui ont été communiqués à l'Académie, et dans ceux dont j'ai été témoin, la position

du pied s'est trouvée totalement différente ,
on peut soupçonner qu'il y a ici une erreur
de fait , d'autant plus essentielle à remar-
quer, qu'elle est échappée à un praticien de
de la réputation la plus grande et la mieux
méritée. (1) »

Au raisonnement de *Sabatier*, j'opposerai
deux faits qui ont été observés au grand
Hôtel-Dieu de Lyon, par M. *Bouchet*, Chirurgien en chef. (2) Dans l'un et dans l'autre cas, la pointe du pied était tournée en
dedans (*A*).

Des faits semblables, sont rares et doivent
l'être , puisque toutes les puissances muscu-
laires et encore plus le propre poids du membre tendent à produire le mouvement de rotation en dehors ; mais ils ne sont pas impossibles ; et l'on conçoit en effet que la manière dont le malade tombe, la manière dont
on le relève ou dont on le place dans son lit,

(1) Mém. déjà cité.

(2) Permettez-moi, mon cher Maître , de vous témoigner encore une fois publiquement, toute ma reconnaissance pour les
services nombreux que vous m'avez rendus.... Je les répète
avec plaisir ces paroles sacrées du Père de la Médecine : *Sanctè
itaque promitto me loco parentum habiturum hunc qui me hanc
artem docuit.... Et hanc artem si discere ejus posteri voluerint
sine mercede et absque stipulatione me illos docturum.*

Hipp. *Jusjur.*

peuvent fort bien donner lieu à la rotation en dedans.

Ainsi, on peut regarder la rotation du pied en dehors comme le signe pathogno-monique de la fracture du col du fémur, mais non pas, comme le signe constant et invariable. Il faudra donc en quelques cir-constances, quoiqu'en dise M. *Sabatier*, dans le Mémoire déjà cité, faire exécuter des mouvemens, à droite et à gauche ; à l'extrémité malade, et s'assurer enfin par toutes sortes de moyens, de l'existence de la fracture.

Mais c'est assez long-temps m'écarter du sujet principal de ce Mémoire ; j'y reviens.

M. *Fine*, de Genève, qui a fait sur les bandages à extension permanente des re-cherches intéressantes, (1) nous dit qu'*Hip-pocrate* s'était servi d'un bandage à exten-sion continuelle ; et avec les plus heureux succès, pour la cure des fractures du col du fémur. (2) Cet appareil dont *Gallien* a don-né la description, me paraît bien insuffisant

(1) Voyez le Journal de *Boyer*, *Leroux*, etc.

(2) Il est douteux qu'*Hippocrate* ait jamais connu les frac-tures du col du fémur, et tout me fait croire, même la forme de son bandage, que la partie de cet os qu'il désignait par l'adjectif *coxeus*, n'est autre que la partie du corps la plus voisine des trochanters.

pour vaincre la résistance des muscles de la cuisse et du bassin qui tendent à opérer le déplacement. M. *Fine* le décrit en ces termes : « Il consistait en deux cercles de cuir et des baguettes de cornouiller dont la longueur devait être telle, que courbées en dehors, et leurs extrémités étant placées dans des loges pratiquées à cet effet sur les deux cercles, elles opéraient l'extension et la contre-extension par la tendance qu'elles avaient à se redresser. (1) »

Il est à présumer que les fractures que le Père de la Médecine a guéries sans raccourcissement comme il l'assure, étaient des fractures de la partie supérieure du corps du fémur. Celles-ci peuvent en effet être maintenues parfaitement réduites par la position seule, aidée des deux cercles de cuir qui forment la partie principale de son bandage. Cela me paraît d'autant plus vrai, qu'il était impossible de faire avec cet appareil, (supposant même que les baguettes de cornouiller eussent assez de force) une extension convenable, à moins que l'un des cercles ne prît son point d'appui sur le bassin, ce que l'on ne dit pas.

(1) Voyez le Journal de *Boyer*, *Leroux*, etc.

Depuis *Hippocrate* jusqu'à nous , on a inventé une foule de machines à extension permanente plus ou moins compliquées , plus ou moins parfaites. Les principales sont celles de *Coutavoz*, *Belloch*, *Gooch*, *Massot*, *J. L. Petit*, *Manne*, *Henckels*, *Aitken*, *Pieropan*, *Desault*, *Brunel*, *Boyer*, *Fournier*, *Fine*, etc.

Je n'entreprendrai pas de les décrire toutes , parce que les unes sont absolument abandonées , et les autres connues de tous les Praticiens. Je me propose seulement, dans ce court Mémoire, de faire connaître deux modifications que l'on a fait subir, dans le grand Hôtel-Dieu de Lyon, au bandage de *Desault*, et qui peuvent présenter quelques avantages réels.

Je décrirai d'abord, en peu de mots, l'appareil de *Desault*.

Trois attelles larges d'un pouce et demi chacune le composent. L'une est placée à la partie interne du membre fracturé, la seconde à sa partie antérieure, et la troisième enfin à sa face externe. Celle-ci, plus épaisse que les deux autres, s'étend depuis la crête supérieure de l'os des isles, jusqu'à quatre pouces au-dessous de la plante du pied. Elle se ter-

mine supérieurement par une échancrure,
et inférieurement par une échancrure et une
mortaise. L'extrémité supérieure est fixée
par un lac passé sous la cuisse, appuyé sur
la tubérosité de l'ischion et noué vers le pli
de l'aîne. Un bandage de corps l'assujettit au
bassin, et ce bandage est lui-même assujetti
par un lac passé sous la cuisse qui n'est pas
malade. Appliquant ensuite sur la partie
inférieure de la jambe et sur le coude-pied
un bandage fait avec une bande roulée par
ses deux extrémités et en sens inverse, on
fait croiser les deux chefs sur le tarse, puis
sous la plante du pied, et on vient les fixer
à l'extrémité inférieure de l'attelle externe,
en les engageant, l'un dans la mortaise, et
l'autre dans l'échancrure. Une seconde bande,
croisée sous la plante du pied et fixée d'un
côté à l'attelle externe et de l'autre à l'attelle
interne, doit maintenir le pied dans sa rectitude naturelle. Des fanons, des remplissages,
des coussinets, des liens, doivent être placés
de manière à rendre le bandage tout-à-la-fois
solide et peu gênant.

Dans cet appareil, toute l'extension se passe
sur l'attelle externe, le pied est nécessaire-
ment déjeté en dehors, et la fracture se con-

solide avec un déplacement, suivant la cir-
conférence de l'os.

Dans les machines de *Boyer* et de M. *Fine*,
l'extension se fait bien suivant l'axe du membre; mais comme l'attelle interne n'est point
fixée, toute la force de traction se passe également sur l'attelle externe; et, malgré toutes
les précautions du chirurgien, il y a toujours,
après la guérison, déviation du pied en
dehors. (1)

M. *Baumers*, docteur en médecine de la
faculté de Paris, praticien distingué par son
savoir et ses rares qualités sociales, sentit cet
inconvénient du bandage de *Desault*, lorsqu'il était chirurgien interne du grand Hôtel-
Dieu de Lyon, et il essaya de le faire disparaître.

L'attelle externe du bandage modifié par
M. *Baumers*, s'étend comme celle de *Desault*,
depuis la crête supérieure de l'os des isles,
jusqu'à quatre pouces au-dessous de la
plante du pied. Supérieurement, elle présente une échancrure, vers son milieu, c'est-
à-dire, à trois ou quatre pouces au-dessus

(1) Voyez la description de la machine de *Boyer* dans le
traité des maladies des os rédigé par *Richerand*, et la description de celle de M. *Fine* dans le Journal de *Boyer*,
Leroux, etc.

de l'articulation du genou, deux mortaises parallèlement placées ; inférieurement, elle offre une seule mortaise parfaitement carrée et de dix lignes ou d'un pouce de diamètre. L'attelle interne s'étend depuis deux pouces à peu près au-dessous du pli de l'aîne, jusqu'à quatre pouces également au-dessous de la plante du pied. Supérieurement, elle présente une échancrure, et inférieurement une mortaise carrée, exactement semblable à celle qui est pratiquée sur l'attelle externe.

Comme *Desault*, M. *Baumers* fixe l'attelle externe, par un lac passé sous la cuisse malade; et si on le veut, on assujettit également ce lac par un bandage de corps. L'attelle interne se fixe sur l'externe en passant un lac dans l'échancrure qu'elle présente à son extrémité supérieure : on fait glisser l'un des chefs de ce lac, à la partie postérieure du membre, et l'autre à sa partie antérieure. On vient ainsi les nouer vers le milieu de l'attelle externe, en les engageant dans les deux mortaises qu'elle présente en cet endroit. Faisant alors glisser une traverse en bois dans les deux mortaises carrées qui sont pratiquées à l'extrémité inférieure des deux attelles, c'est sur elle qu'on vient nouer les deux chefs du bandage appliqué sur la partie inférieure de la jambe et le coude-pied, tel que je l'ai décrit en parlant du bandage de *Desault*. Les coussins, les remplissages, etc. doivent être également disposés d'une manière convenable.

Le Bandage de M. *Baumers* me semble très-avantageux :

1.º Parce que l'extension se faisant sur les deux attelles, le membre est alongé suivant son axe, et l'os ne saurait être déplacé.

2.º Parce que fixant les deux chefs sur lesquels se passe toute la force extensive, à la partie moyenne de la traverse qui est placée au-dessous de la plante du pied, celui-ci ne peut être porté ni en dehors ni en dedans.

3.º Enfin, parce qu'on peut se le procurer par-tout et à très-peu de frais. Il n'est pas de menuisier ou de charpentier qui ne le fît avec beaucoup d'exactitude, dirigé par le chirurgien qui en aurait besoin.

Mais un bandage qui réunirait à ces avantages celui de pouvoir servir à tous les individus, quelle que fut leur taille, et celui de faire une extension aussi forte qu'on le voudrait, sans imprimer aucune secousse au membre, ne pourrait-il pas aussi avoir son but d'utilité? C'est cette réflexion qui m'a fait imaginer d'ajouter quelque chose encore à l'appareil de M. *Baumers.*

La machine que j'ai fait exécuter, et dont je me suis servi au grand Hôtel-Dieu de Lyon, avec le succès le plus complet, se compose de deux attelles qu'on fait glisser à volonté dans des coulisses que présente un *treuil*, dont je donnerai la description tout-à-l'heure.

Les attelles offrent plus de largeur dans la partie qui correspond à la cuisse, que dans celle qui correspond à la jambe; cette forme donne la facilité d'emboîter plus exactement la cuisse dans l'appareil, et par conséquent de la maintenir dans une immobilité plus parfaite. Elles s'appliquent sur le membre de la même manière que celles de M. *Baumers*; mais comme elles doivent servir à des individus de taille différente, j'y ai fait pratiquer un plus grand nombre de mortaises.

L'attelle externe longue de trois pieds dix pouces et même quatre pieds, en présente quatre à son extrémité supérieure; deux, ce sont les inférieures, sont destinées à recevoir le sous-cuisse, sur lequel tout le bandage est appuyé, et les deux autres qui sont placées plus haut, servent à fixer une bande passée autour du corps, afin d'assujettir, autant que possible, le bassin à l'appareil. Les autres mortaises, au nombre de six, disposées par deux, éloignées des premières de neuf pouces, séparées les unes des autres par quatre pouces d'intervalle, sont ensuite pratiquées dans le reste de la longueur de l'attelle.

L'attelle interne, par rapport à sa forme, ressemble parfaitement à l'externe ; seulement elle est moins longue de dix ou onze pouces, et ne présente à son extrémité supérieure que deux mortaises parallèlement placées.

On peut, si l'on veut, en pratiquer d'autres dans le reste de sa longueur, pour y fixer les liens.

Le *treuil* représente une espèce de boîte parallélogramme, et qui n'est fermée que sur les côtés. Les deux planches qui sont latérales, ont onze pouces de hauteur, sept pouces de largeur, et un pouce d'épaisseur. A leur base, et dans le sens de la longueur du membre, c'est-à-dire dans celui de leur largeur, elles sont percées d'une mortaise, dont toutes les dimensions sont en rapport exact avec celles des attelles qui doivent y glisser librement. Celles-ci y sont fixées au moyen de petits clavons en fer, que l'on engage dans des trous de trois lignes de diamètre, pratiqués en travers sur le trajet des mortaises, et correspondant à des trous semblables, pratiqués sur les attelles et dans le même sens.

Une traverse en bois, arrondie dans son milieu, appuyée sur les deux planches qui forment les *à-côtés* du treuil, et placée au niveau de la partie moyenne de la plante du pied, supporte une poulie de réflexion, ayant trois pouces d'épaisseur et deux de largeur. A quatre pouces au-dessus de cette traverse, à un pouce plus en arrière, est placé, et toujours dans le même sens, un cilindre, armé à sa partie moyenne, d'un petit crochet en fer, et dépassant d'un pouce et demi l'un des *à-côtés* du treuil. Cette portion extérieure est carrée, afin de soutenir l'effort d'une manivelle simple en fer, qu'on y adapte et à l'aide de laquelle on fait ensuite l'extension comme je le dirai bientôt. Le cilindre est arrêté à volonté, au moyen d'une petite rosette en fer qui y est adaptée, et dans les dentelures de laquelle tombe un petit crochet également en fer.

Au niveau et à la partie antérieure de la poulie de réflexion, se trouve une petite planche en bois de trois pouces de largeur, inclinée de bas en haut, et engagée dans deux mortaises pratiquées sur les *à-côtés* du treuil et dans le sens de leur épaisseur. C'est sur cette planche, qu'on a soin de garnir de chiffons de linge, que doit reposer le pied lorsque l'extension est faite.

Le treuil est maintenu au moyen de deux chevilles en fer ou en bois de quatre ou cinq lignes de diamètre, qui s'élèvent de ses deux à-côtés, et qui sont reçues dans des trous de la même dimension pratiqués à cet effet, dans le sens de la longueur d'une petite planche, large de trois pouces, longue de sept, et de quatre ou cinq lignes d'épaisseur.

D'après cette description, il est facile de voir qu'on réduit à volonté la longueur des attelles, en les faisant glisser dans le treuil. On peut également diminuer ou aggrandir l'étendue transversale de l'appareil, suivant le volume du membre et l'épaisseur des remplissages qu'on emploie. C'est à cet effet que plusieurs trous sont pratiqués dans l'étendue de la petite planche destinée à assujettir les à-côtés du treuil.

Lorsqu'on veut diminuer ou augmenetr l'étendue transversale de l'appareil, on déplace de petites clefs en fer, qu'on fixe dans des trous qui sont percés dans toute la longueur du cilindre inférieur. Ces trous sont au nombre de six, trois de chaque côté de la poulie de réflexion. (*B*)

L'application de cette machine est simple et facile. On doit avoir des coussinets, des draps-fanons, des remplissages qu'on dispose de la même manière que dans l'application des autres appareils. Un aide soulève l'extrémité fracturée avec précaution et en faisant une extension modérée ; le chirurgien applique sur les parties latérales du membre deux chefs de bande, qui doivent s'étendre depuis le tiers inférieur de la cuisse, jusqu'à douze ou quinze pouces au-dessous de la plante du pied ; et ces deux chefs sont fixés par un bandage roulé, qui doit recouvrir le tiers inférieur de la cuisse, toute la jambe et le pied. On a toujours soin de placer des compresses graduées au-dessus et au-dessous des tubérosités osseuses, afin de les faire disparaître.

Je préfère ce bandage à celui que *Desault* appliquait sur le coude-pied, avec une bande roulée à deux globes, parce que, portant sur une plus grande étendue, la pression ne s'exerce pas sur un seul point, et ne produit presqu'aucune douleur.

Lorsque les fanons, coussinets, remplissages sont placés, on applique les deux attelles qu'on fixe de la même manière que je l'ai dit plus haut, en faisant la description de l'appareil de M. *Baumers*. Cela fait, on adapte le treuil aux attelles, ce qui est facile ; puis on réunit les deux chefs fixés sur les parties latérales du membre, et en les faisant passer sous la poulie de réflexion, on vient les attacher l'un et l'autre au petit crochet que nous avons dit exister à la partie moyenne du cilindre supérieur. Alors on se saisit de la manivelle qui est en fer, on fait tourner le cilindre, et l'extension s'opère.

On doit avoir soin de disposer l'appareil, de manière que lorsque l'extension est parfaite, le pied se trouve porté dans la boîte formée par le treuil, appuyé sur la petite planche qui s'y trouve, où il ne saurait, à moins que le malade ne fît des mouvemens extraordinaires, être porté ni à droite ni à gauche.

On recouvre ensuite la partie antérieure

du membre d'un *linge de balle*, ou d'une serviette pliée convenablement, et le tout est fixé par des liens qu'on vient toujours nouer sur l'attelle externe.

Cet appareil peut être appliqué sur la jambe gauche, comme sur la jambe droite ; pour cela, il suffit de transposer les attelles.

Je ne chercherai point à augmenter le nombre des pages de ce Mémoire, en faisant longuement l'énumération des avantages que cet appareil peut avoir ; je pense que la description que j'en ai faite, suffit pour les faire connaître. Je le terminerai par deux observations de fractures du col du fémur recueillies au grand Hôtel - Dieu de Lyon, la guérison a été opérée sans aucun raccourcissement. Dans l'une, on s'est servi du bandage de M. *Baumers*, et dans l'autre, c'est le mien qui a été appliqué.

Ire OBSERVATION.

M. O.... Sœur hospitalière au grand Hôtel - Dieu de Lyon, âgée de 30 ou 32 ans, fit une chûte sur le grand trochanter du côté droit, et se fractura le col du fé_ mur ; on la transporta à l'infirmerie où j'accompagnai, quelques instans après, M.

Bouchet, chirurgien en chef, qu'on fit appeler. La fracture fut aisément reconnue; mais les douleurs vives qu'éprouvait déjà la malade, le gonflement qui devait bientôt survenir, empêchèrent d'appliquer sur-le-champ le bandage à extension permanente. M. *Bouchet* se contenta donc de mettre le membre dans sa rectitude naturelle, autant que possible, et d'appliquer un bandage contentif simple.

Lorsque le gonflement et la douleur furent moins considérables, ce qui eut lieu au cinquième jour, M. *Bouchet* mit le membre en extension continuelle avec l'appareil de M. *Baumers*. Tous les deux jours régulièrement, et quelquefois même plus souvent, on serrait les lacs, on remettait en place les remplissages ou autres pièces de linge qui auraient pu se déranger, et la malade a été délivrée de son appareil au soixantième jour seulement. Le membre mesuré avec la plus grande attention, n'a pas présenté une demi-ligne de raccourcissement, et on ne remarque aucune déviation du pied en dehors. (*C*)

II.e OBSERVATION.

François Crochet, cordonnier, âgé de 52 ans, entra à l'Hôtel-Dieu le 26 juin 1813, pour une fracture du col du fémur, reconnaissant pour cause une chûte d'un lieu assez élevé, sur le grand trochanter. Le membre présentait quatre pouces de raccourcissement. Le sur-lendemain de la fracture, j'appliquai mon appareil à extension continuelle : la cuisse était gonflée dans toute son étendue, par conséquent je ne pus appliquer que très-inexactement le bandage roulé sur son tiers inférieur ; aussi me vis-je forcé de le réappliquer au cinquième jour.

Je n'essayai pas de rendre tout d'un coup au membre sa longueur naturelle, les douleurs vives que le malade éprouvait aux moindres tractions m'en empêchèrent. Je ne le fis donc qu'avec beaucoup de ménagement et par degrés.

Au bout de dix jours, le gonflement de la cuisse avait disparu, la douleur était peu vive, le membre avait recouvré sa longueur naturelle, et le malade supportait le bandage sans douleurs.

Je renouvellai de temps à autre les remplissages ; j'eus soin de tenir toujours au même degré de tension les deux chefs, sur lesquels toute la force extensive se passe, et au soixantième jour je sortis le membre de l'appareil. Des frictions huileuses faites sur toutes les articulations, rendirent bientôt au membre sa souplesse accoutumée, et le malade enfin a été guéri sans aucun raccourcissement et sans la moindre déviation du pied en dehors.

FIN.

On pourrait remplacer par du fer la plupart des pièces en bois qui entrent dans la composition du treuil de mon appareil ; mais quel avantage y trouverait-on ? Celui de rendre la Machine plus solide. Elle l'est assez. Cette modification n'aboutirait donc qu'à la rendre tout à la fois plus chère et d'une exécution plus difficile, ce que je me suis proposé d'éviter.

NOTES.

(*A*) Les deux observations rapportées par *Ambroise Paré* et par *J.-L. Petit*, ont été également jugées fausses par *Louis*, qui les attribua à une erreur de langage ou à une faute du copiste : mais quoiqu'en disent et *Sabatier* et *Louis*, il n'en est pas moins constant qu'en quelques circonstances le pied peut être tourné en dedans. Cette possibilité , qui a été tout récemment confirmée par la pratique de M. *Bouchet*, l'avait déjà été par celle de *Desault* qui, d'après des observations nombreuses , avait, au rapport de *Bichat*, son illustre élève, « cru pouvoir établir ce principe dans un de ses cours, que la direction du pied en dehors est à celle en dedans, comme 8 : 2 dans les fractures du col du fémur. » *Œuvres chirurg. de Desault*, tom. 1.

(B) M. *Dufaut* , bandagiste et mécanicien adroit , demeurant à Lyon, rue St.-Dominique, a exécuté cet appareil, d'après le plan que je lui en avais donné, avec toute l'adresse et la régularité imaginables.

(*C*) Je pourrais citer encore un bien grand nombre d'observations semblables , si je rapportais toutes les cures opérées par M. *Viricel*, ancien chirurgien en chef, dont j'ai suivi pendant quelques années et la pratique et les leçons. Ce savant médecin, ce chirurgien habile, a des droits à la reconnaissance de tous ses élèves ; mais nul plus que moi ne s'est trouvé à portée d'apprécier les qualités de son cœur et son savoir dans l'art d'opérer; les services qu'il m'a rendus sont de la nature de ceux qui gravent en caractères ineffaçables, dans le cœur de celui qui les a reçus, la reconnaissance la plus vive et la plus durable..... Il réunit toutes les qualités que le Vieillard de Cos exige dans le vrai médecin. On peut dire de lui, après avoir fait l'éloge de son savoir : *Bonis etiam ac honestis est moribus unàque gravitatem cum humanitate conjunctam... Quod ad gestum attinet, vultus est ad prudentiam compositus, non asperus tamen nec superbus et inhumanus videtur..... Æquum autem in omni vitæ consuetudine se præstat.*

HIP. *de Medico.*

FIN DES NOTES.